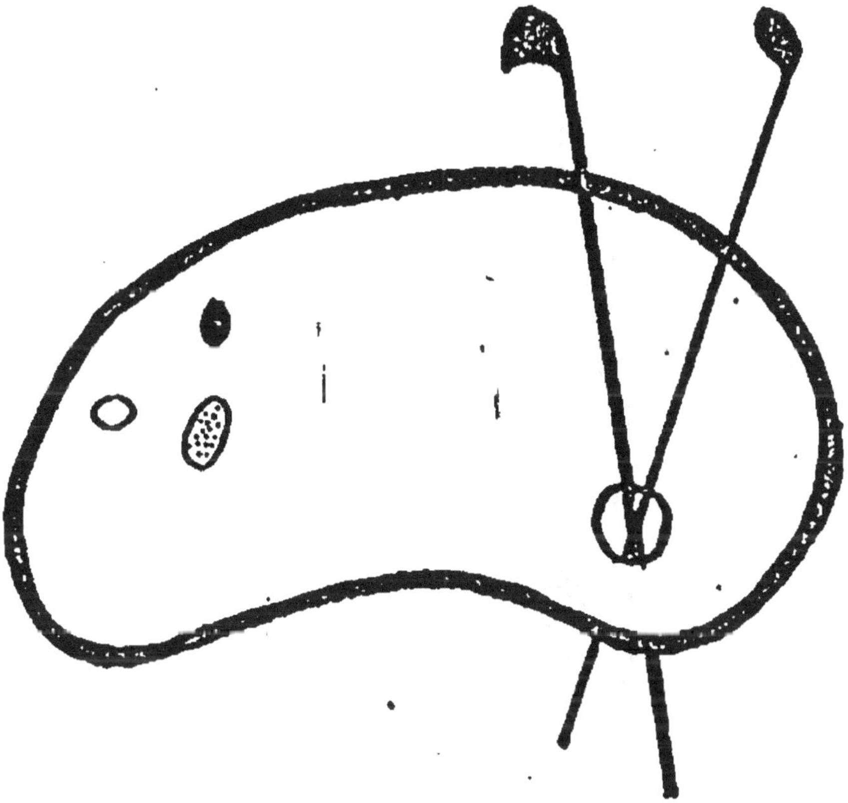

DEBUT D'UNE SERIE DE DOCUMENTS
EN COULEUR

# LA RELIQUE DE FÉCAMP

## MESSE, LITANIES ET HISTOIRE

### DU

# PRÉCIEUX SANG

## DE N.-S. JÉSUS-CHRIST

suivies du récit de guérisons récentes opérées
à l'ancienne fontaine où aborda la souche du Figuier
dépositaire de cet inestimable trésor.

## PARIS

### IMPRIMERIE DE HENRI CARION

RUE BONAPARTE, 64

## 1866

DÉPOSÉ.

L7K
12688

Ce petit livre ne convient pas seulement aux pèlerins de Fécamp, mais à toutes les personnes; car il est très-propre à éclairer et à satisfaire leur dévotion envers le Précieux Sang de Notre Seigneur Jésus-Christ qui, d'après les paroles d'un envoyé céleste, *préserve de tout malheur* (voir l'Histoire) comme le sang de l'Agneau Pascal, son symbole, préserva les Israélites des coups de l'ange exterminateur.

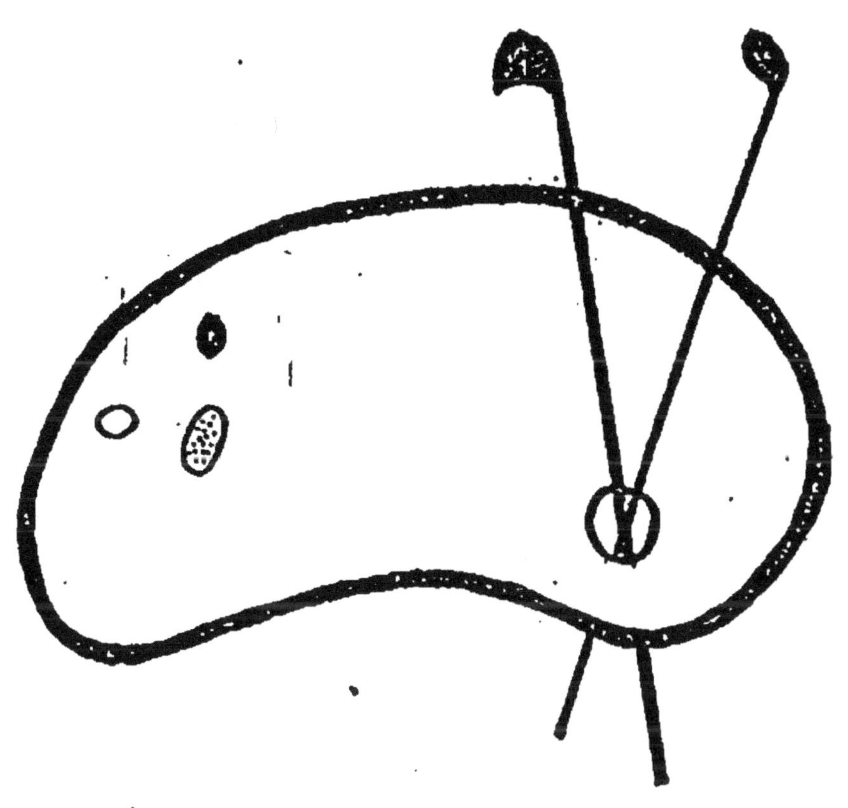

FIN D'UNE SERIE DE DOCUMENTS
EN COULEUR

# LA RELIQUE DE FÉCAMP

## MESSE, LITANIES ET HISTOIRE

### DU

# PRÉCIEUX SANG

## DE N.-S. JÉSUS-CHRIST

suivies du récit de guérisons récentes opérées
à l'ancienne fontaine où aborda la souche du Figuier
dépositaire de cet inestimable trésor.

PARIS

IMPRIMERIE DE HENRI CARION

RUE BONAPARTE, 64

1866

# PRÉFACE

PIEUX PÉLERINS DU PRÉCIEUX-SANG,

Nous vous devons et nous vous adressons de nouveaux remercîments d'avoir acceuilli notre second opuscule avec la même bienveillance que le premier sur la Relique, qui a valu à Fécamp son *nom* (1) et son principal titre de gloire.

Vous nous avez mis dans l'heureuse nécessité d'en publier un troisième que nous avons l'honneur de vous dédier.

Vous y trouverez la messe traduite avec soin, les litanies du Précieux Sang, des pratiques en son honneur, son histoire et des guérisons opérées par sa divine vertu.

L'histoire de cette Relique est extraite d'un manuscrit de 1527; elle résume un poëme

_________
(1) *Fici Campus*, le champ du figuier.

datant au moins du xiii⁰ siècle (¹) et une pièce (²) rapportée en entier dans un ancien cartulaire de Fécamp trouvé, au x⁰ siècle, parmi les archives de l'Abbaye.

Ce document n'était rien moins que la Légende du Précieux Sang, dont la lecture *émerveilla* Richard I⁰ʳ, troisième duc de Normandie.

Elle est en effet palpitante d'intérêt et parfumée d'une religieuse poésie. Elle reproduit une tradition qui remonte aux (³) *premiers monuments du christianisme*, et ne raconte rien qui soit démenti par quelque document authentique; rien de contraire à la vraisemblance; rien d'impossible à Dieu, qui semble avoir voulu l'authentiquer par des siècles de faits providentiels et même de prodiges renouvelés dans le nôtre.

Assurément, nous ne donnons pas cette histoire comme un article de foi; mais la ré-

(1) Leroux de Lincy, *Essai sur l'abbaye de Fécamp*; préf. p. x et p. 139, etc.

(2) Fallue, *Hist. de Fécamp*, p. 74 et 77.

(3) *Recherches historiques sur Fécamp*, par M. de Busserolle, p. 87. *Causeries sur Fécamp*, p. 37.

pudier, et surtout la traiter (¹) *de fable* serait, ce me semble, manquer de respect à nos ancêtres, que leur *sapience* si renommée n'empêchait pas d'y croire ; aux si doctes enfants de saint Benoît, qui paraissent l'avoir rédigée (²) ; à tant d'Abbés et de princes de l'Église, qui ne l'auraient pas laissé *tirer* à d'innombrables *exemplaires*, si la *fable* leur y eût paru *mêlée* à l'histoire. Ce serait rendre inexplicable la trans-lation du Précieux Sang à Fécamp, et y ruiner la base de ce culte : ce serait arracher à cette ville le plus beau fleuron de sa couronne, la dépouiller de son plus riche trésor et la blesser dans ses intérêts les plus sacrés et les plus positifs.

C'est ce qu'ont parfaitement compris ses judicieux habitants ; aussi s'affligaient-ils de l'épuisement de cette légende, supprimée par un rationalisme déraisonnable ; et en appelaient-ils la réimpression de vœux ardents partagés par tout le pays de Caux et même la Normandie.

Nous avons cru devoir leur donner satisfac-

(1) Comme certain in quarto sur la S.-If.
(2) L. de Lincy, p. 392.

tion, et le public a prouvé que nous en avions
été le fidèle interprète par son empressement
à en enlever deux éditions.

Honneur à vous tous qui venez en si grand
nombre vénérer *le prix de la rédemption du
monde!*

Vous vous montrez les héritiers de la foi
comme du sang de ces héros, qui ont fait de
la Normandie une terre *d'églises et de châteaux,*
planté leurs étendards victorieux sur les murs
de Londres, de Salerne, d'Otrante et même de
Jérusalem ; défendu le Saint-Siége contre ses
ennemis, et enfin se sont couverts de tous les
genres de gloire.

X.

« La légende du *Précieux-Sang* est une autorité
respectable qui a pour elle la sanction des siècles.
Elle a été tirée à un nombre fabuleux d'exemplaires (1), et est aussi répandue que les bibles an-
glaises.

(1) *Causeries sur Fécamp,* p. 37.

# MESSE

## DU

# PRECIEUX SANG

## DE N.-S. J.-C.

---



**INTROIT.**

*(Apocalypse, 5, 10).*

Vous nous avez rachetés, Seigneur, par votre sang, de toute tribu, de toute langue, de tout peuple et de toute nation; et vous nous avez acquis le droit de régner avec notre Dieu (Ps. 89, 2). Je chanterai éternellement les miséricordes du Seigneur; à toutes les générations je dirai la vérité de vos promesses, ô mon Dieu.

℣. Gloire au Père, etc. Vous nous avez.

**L'ORAISON.**

Dieu tout puissant et éternel, qui avez donné votre fils unique pour rédemp-

**INTROITUS.**

*(Apocalypse, 5, 10).*

Redemisti nos, Domine, in sanguine tuo; ex omni tribu, et linguâ, et populo, et natione, et fecisti nos deo nostro regnum (Psalm. 88). Misericordias Domini in æternum cantabo : in generationem et generationem annuntiabo veritatem tuam in ore meo.

℣. Gloria Patri, etc. Redemisti.

**ORATIO.**

Omnipotens sempiterne Deus qui unigenitum fillum tuum mundi Redemp torem constituisti, ac ejus sanguine placari voluisti : concede, quæsumus, salutis nostræ pretium soleinni cultu ità venerari, atque à præsentis vitæ malis ejus virtute defendi in terris ut fructu perpetuo lætemur in cœlis.

Per eumdem Dominum.

*Lectio Epistolæ Beati Pauli apostoli ad Hebræos (c. IX).*

FRATRES, Christus assistens Pontifex futurórum bonorum, per amplius et perfectius tabernaculum non manufactum, id est, non hujus creationis, neque per sanguinem hircorum aut vitulorum, sed per proprium sanguinem introivit semel in sancta æternâ redemptione inventâ ; si enim sanguis hircorum et taurorum, et cinis vitulæ aspersus inquinatos sanctificat ad emundationem carnis : quantò magis sanguis Christi qui per spiritum sanctum semetipsum obtulit immaculatum Deo, emundabit conscientiam nostram ab operibus mortuis, ad serviendum Deo viventi? Et ideò novi Testamenti mediator est : ut morte intercedente, in redemptio-

teur au monde, et qui avez voulu que votre justice fût apaisée par son sang, daignez nous accorder de célébrer le prix de notre salut éternel avec tant de piété que, par ses mérites, nous soyons préservés des maux de la vie présente, et nous jouissions du bonheur du ciel.

Par N. S. J.-C.

*Épître de l'Apôtre saint Paul aux Hébreux (Ch. 9).*

MES frères, Jésus-Christ, le pontife des biens futurs, est entré une fois dans le sanctuaire en passant par un tabernacle plus grand et plus parfait qui n'a point été bâti de mains d'homme, c'est-à-dire qui n'a point été formé par les voies ordinaires ; et il y est entré, non point avec le sang des boucs et des veaux, mais avec son propre sang, après nous avoir rachetés à jamais. Car si le sang des boucs et des taureaux et l'aspersion de l'eau mêlée à la cendre d'une génisse sanctifient ceux qui ont été souillés, en leur donnant une pureté extérieure et charnelle, combien plus le sang de Jésus-Christ, qui, par l'Esprit-Saint, s'est offert lui-même à Dieu comme une victime sans tache, purifiera-t-il notre conscience des œuvres mortes, et nous rendra-t-il dignes de servir le Dieu vivant? C'est pourquoi il est le médiateur du Testament nouveau, afin que, par la mort qu'il a soufferte pour expier les iniquités qui se commettaient sous le premier Testament, ceux qui sont appelés de Dieu reçoivent l'héritage éternel qui leur a été promis en J.-C. N. S.

nem earum prævaricationum, quæ erant sub priori Testamento, repromissionem accipiunt, qui vocati sunt æternæ hereditatis : in Christo Jesu Domino nostro.

### GRADUEL.

### GRADUALE.

*(I. Ep. saint Jean V).*

*(I. Joann. V).*

Voici celui qui vient par l'eau et par le sang; Jésus-Christ nous purifie, non-seulement par l'eau, mais par l'eau et par le sang.

℣. Il y en a trois qui rendent témoignage dans le ciel, le Père, le Verbe et l'Esprit-Saint, et ces trois ne sont qu'un. Trois aussi rendent témoignage sur la terre, l'esprit, l'eau et le sang, et ces trois ne sont qu'un.

Hic est qui venit per aquam et sanguinem Jesus Christus : non in aquâ solùm, sed in aquâ et sanguine.

℣. Tres sunt qui testimonium dant in cœlo. Pater, Verbum et Spiritus sanctus et hi tres unum sunt. Et tres sunt qui testimonium dant in terrâ : spiritus, aqua, et sanguis, et hi tres unum sunt.

### TRAIT.

### TRACTUS.

Dieu nous a agréés en son Fils bien-aimé; c'est en lui que nous trouvons la rédemption par son sang et la rémission des péchés selon les richesses de sa

Gratificavit nos Deus in dilecto filio suo : in quo habemus redemptionem per sanguinem ejus. ℣. Remissionem peccatorum, secundum divitias gratiæ ejus quæ superabundavit in nobis.

℣. Justificati gratis per redemptionem quæ est in Christo Jesu.

℣. Quem proposuit Deus propitiationem per fidem in sanguine ipsius.

*Per annum, post graduale dicitur.*

Alleluia, alleluia.

℣. Si testimonium hominum accipimus, testimonium Dei majus est. Alleluia.

*Tempore pascali :* Alleluia, Alleluia.

Dignus es, Domine, accipere librum et aperire signacula ejus : quoniam occisus es et redemisti nos in sanguine tuo.

Alleluia. ℣. Erit autem sanguis vobis in signum et videbo sanguinem et transibo vos : nec erit in vobis plaga disperdens. Alleluia.

*Sequentia Sancti Evangelii secundum Joannem, ch. xix.*

IN illo tempore : cum accepisset Jesu acetum dixit : Consummatum est. Et inclinato capite, tradidit spiritum. Judæis ergò (quoniam Parasceve

---

grâce qu'il a répandue sur nous avec abondance.

℣. Nous avons été justifiés gratuitement par sa grâce, par la rédemption qui est en Jésus-Christ, que Dieu a proposé pour être la victime de propitiation par la foi en son sang.

*Pendant l'année, après le graduel, on dit :*

Alleluia, alleluia.

℣. Si nous recevons le témoignage des hommes, le témoignage de Dieu est bien plus grand. Alleluia.

*Au temps pascal :* Alleluia, Alleluia. Vous êtes digne, Seigneur, de prendre le livre et d'en lever les sceaux, parce que vous avez été mis à mort et que vous nous avez rachetés par votre sang.

Alleluia. ℣. Ce sang sera un signe auquel je vous reconnaîtrai, je verrai ce sang et je passerai outre, et il n'y aura point parmi vous de plaie mortelle. Alleluia.

*(Évangile selon saint Jean, ch. xix).*

EN ce temps-là, Jésus ayant pris le vinaigre, dit : Tout est accompli, et, baissant la tête, il rendit l'esprit : comme donc c'était la veille du Sabbat, et que ce Sab bat était fort solennel, afin que les corps ne demeurassent point sur la croix pendant ce jour, les Juifs demandèrent à Pilate qu'on leur rompît les jambes et qu'on les enlevât. Des soldats vinrent donc, qui rompirent les jambes au premier et à l'autre qu'on avait crucifiés avec Jésus. Puis, s'étant approchés de lui, et voyant qu'il était déjà mort, ils ne lui rompirent point les jambes, mais l'un d'eux lui ouvrit le côté d'un coup de lance, et aussitôt il en sortit du sang et de l'eau. Celui qui l'a vu en rend témoignage, et son témoignage est véritable.

*Credo.*

### OFFERTOIRE.

### (I. Corinth. X.)

Le calice de bénédiction que nous bénissons, n'est-il pas la communion du sang de Jésus-Christ? Et le pain que nous rompons n'est-il pas la participation du corps du Seigneur?

### SECRÈTE.

Que par ces divins mystères, nous vous en prions, Dieu des vertus, nous puissions avoir accès auprès de Jésus-Christ, le médiateur

erat) ut non remanerent corpora sabbato ( erat enim magnus dies ille sabbati), rogaverunt Pilatum ut frangerentur eorum crura et tollerentur. Venerunt ergò milites et primi quidem fregerunt crura et alterius qui crucifixus est cum eo. Ad Jesum autem cum venissent, ut viderunt eum jam mortuum, non fregerunt ejus crura, sed unus militum lanceâ latus ejus aperuit, et continuò exivit sanguis et aqua. Et qui vidit, testimonium perhibuit; et verum est testimonium ejus.

*Credo.*

### OFFERTORIUM.

### (I. Cor. X).

Calix benedictionis, cui benedicimus, nonne communicatio sanguinis Christi est? et panis quem frangimus, nonne participatio corporis Domini est?

### SECRETA.

Per hæc divina mysteria, ad novi quæsumus, testamenti mediatorem Jesum accedamus; et super altaria tua, Domine virtutum, aspersionem sanguinis, melius loquentem quam Abel, innovemus. Per eumdem.

*(Præfatio de cruce).*

COMMUNIO (*Hebr.* ix).

CHRISTUS semel oblatus est ad multorum exhaurienda peccata; secundò sine peccato apparebit expectantibus se in salutem.

POST-COMMUNIO.

AD sacram, Domine, mensam admissi, hausimus aquas in gaudio de fontibus Salvatoris; sanguis ejus fiat nobis, quæsumus, fons aquæ in vitam æternam salientis. Qui tecum, etc.

de la nouvelle alliance, et que l'effusion de son sang sur nos autels crie pour nous miséricorde et non vengeance, comme celui d'Abel.

Par le même J.-C. N. S.

*(Préface de la Croix).*

COMMUNION (*Hébr.*).

JÉSUS-CHRIST s'est offert une fois pour effacer les péchés de tous; il paraîtra de nouveau pour le salut de tous ceux qui, en l'attendant, évitent le péché.

POST-COMMUNION.

ADMIS à la table sainte, Seigneur, nous avons puisé avec joie aux sources du Sauveur; que son sang soit pour nous la source sacrée qui jaillit jusqu'à la vie éternelle. Nous vous en prions par le même N. S. J.-C.

# LITANIES
# DU PRÉCIEUX SANG
## DE N.-S. JÉSUS-CHRIST

———

Seigneur, ayez pitié de nous.
Jésus-Christ, ayez pitié de nous.
Seigneur, ayez pitié de nous.
Jésus, sauveur du monde, ayez pitié de nous.
Jésus, attaché en croix, ayez pitié de nous.
Jésus, l'époux de nos âmes, ayez pitié de nous.
Très-doux sang de Jésus, réjouissez-nous.
Sang de la nouvelle et éternelle alliance, sauvez-nous.
Sang qui faites notre espérance, affermissez-nous.
Sang, le gage de la vie éternelle, fortifiez-nous.
Sang, le bain de nos âmes, lavez-nous.
Sang, piscine des languissants, rétablissez-nous.
Sang, amollissant la dureté de nos cœurs, convertis-sez-nous.
Sang, source de pureté, arrosez-nous.
Sang, fontaine de charité, enivrez-nous.
O Sang qui rendez plus blanc que la neige, donnez-nous votre grâce, le plus beau des diamants.
Sang, Océan de miséricorde, effacez nos taches.
Sang qui rendez plus blanc que la neige, lavez-nous.
Sang, sans l'effusion duquel il n'y a point de rémission, rachetez-nous.
Sang qui effacez nos crimes, purifiez-nous.

Sang qui rendez la vue aux aveugles, éclairez-nous.
Sang qui relevez ceux qui sont tombés, arrachez-nous au péché.
Sang qui donnez la vie aux morts, vivifiez-nous.
Sang, le remède du monde, guérissez-nous.
Sang qui êtes la consolation des justes, consolez-nous.
Sang, le refuge des pécheurs, protégez-nous.
Sang, le prix de notre rédemption. rachetez-nous.
Sang, la consommation des holocaustes, agréez nos sacrifices.
Sang, l'admiration des anges, soyez notre joie.
Sang, qui faites la gloire des saints, glorifiez-nous.
Sang qui faites tressaillir les séraphins d'allégresse, enflammez-nous.
Sang, la force des martyrs, soutenez-nous.
Sang, qui êtes l'asile des confesseurs, recevez-nous.
Sang qui faites les délices des vierges, consolez-nous.
Sang qui donnez la victoire, couronnez-nous.
Soyez-nous propice et faites-nous miséricorde, Seigneur.
De l'homme sanguinaire et trompeur, délivrez-nous Seigneur.
De la contagion de la chair et du sang, délivrez-nous Seigneur.
De leurs dangereux assauts, délivrez-nous, Seigneur.
Par le sang précieux que vous avez versé dans la circoncision, délivrez-nous, Seigneur.
Par votre sueur de sang, délivrez-nous, Seigneur.
Par l'effusion de votre sang dans la flagellation, délivrez-nous, Seigneur.
Par le sang que les pointes des épines ont tiré de votre chef sacré, délivrez-nous Seigneur.
Que votre sang nous enivre de délices, délivrez-nous, Seigneur.
Par votre sang que les clous et la lance ont fait couler, délivrez-nous, Seigneur.

Pécheurs, nous vous en prions, écoutez-nous.

Que la vertu de votre sang rapproche ceux qui sont éloignés, écoutez-nous, nous vous en prions.

Que votre sang s'attache toujours à nos entrailles, écoutez-nous, nous vous en prions.

Que nos vêtements soient lavés dans votre sang, écoutez-nous, nous vous en prions.

Que l'Église que vous avez acquise au prix de votre sang soit gouvernée par vous, écoutez-nous, nous vous en prions.

Que par votre sang nous méritions de résister jusqu'à l'effusion du nôtre, écoutez-nous, nous vous en prions.

Que votre sang purifie nos consciences, écoutez-nous, nous vous en prions.

Que par votre sang nous soyons délivrés de toute violence, écoutez-nous, nous vous en prions.

Que votre sang vivifie nos cœurs.

Jésus-Christ, écoutez-nous.

Jésus-Christ, exaucez-nous.

Seigneur, ayez pitié de nous.

Jésus-Christ, ayez pitié de nous.

Jésus-Christ, ayez pitié de nous.

℣ Jésus-Christ, vous nous avez rachetés.

℟ Par votre sang.

℣ Seigneur, écoutez ma prière.

℟ Et que mes cris s'élèvent jusqu'à vous.

℣ Le Seigneur soit avec vous.

℟ Et avec votre esprit.

## ORAISON.

Dieu tout-puissant et éternel, qui avez voulu racheter le monde par le sang de votre fils bien-aimé. Notre Seigneur Jésus-Christ, accordez à vos serviteurs la grâce de voir dans les cieux le triomphe de celui dont nous avons adoré le Précieux Sang sur la terre, qui vit et règne avec vous, ô Dieu ! dans l'unité du Saint-Esprit, dans tous les siècles des siècles. Ainsi soit-il.

Après ces litanies, on trouve encore dans le *Trésor de Fécamp* la prière suivante, avec ce titre :

### Acte de contrition qu'il faut dire tous les jours

O bon Jésus, doux Sauveur de mon âme, du plus profond de mon cœur, je vous demande pardon de tous les péchés que j'ai commis contre votre divine Majesté. Hélas ! mon Dieu, vous m'avez tant aimé que vous avez versé votre sang précieux pour une créature si détestable. Oh ! mon Seigneur, que je ne perde point le prix d'une chose si précieuse, que plutôt, ô mon Dieu, je meure de mille morts, que de commettre volontairement un seul péché mortel contre une si grande bonté ; et, quelque mort qui m'advienne, ô bon Jésus, ne souffrez pas que votre pauvre serviteur (ou servante) racheté par votre sang soit damné.

Pater noster, Ave Maria, Credo.

Toutes les fois qu'on récite cette aspiration : (Père Eternel, je vous offre le sang très-précieux de Jésus-Christ en expiation de mes péchés et pour les besoins de l'Eglise) on gagne une indulgence de 100 jours (Pie VII, 29 mars 1817) (1).

Le même pape a accordé 300 jours d'indulgence à ceux qui récitent les Sept Offrandes du Précieux Sang : Père Eternel, je vous offre, etc.; et une indulgence plénière à ceux qui, après les avoir récitées chaque jour pendant un mois, se confesseront et communieront le dernier jour du même mois, ou un jour du mois suivant, en priant aux intentions du chef de l'Eglise (Pie VII, 22 septembre 1817) (2).

Notre Seigneur Jésus-Christ a répandu pour notre salut son sang, d'un prix infini : 1° dans sa circoncision ; 2° au jardin de Gethsémani ; 3° dans sa flagellation ; 4° dans son Couronnement d'épines ; 5° en mon-

---

(1) Voir *le Recueil des Scapulaires*, par M. Guglielmi, p. 349.

(2) M. Guglielmi, p. 349, fait connaître bien d'autres pratiques, approuvées en l'h. du P. Sang.

tant au Calvaire, sous le poids de sa croix ; 6° lorsqu'il y fut attaché ; 7° quand après sa mort *un soldat lui ouvrit le côté avec sa lance.*
N. S., ch. 19, v. 34.

### LES SEPT OFFRANDES DU PRÉCIEUX-SANG DE NOTRE SEIGNEUR J.-C.

Je vous offre, ô Père Eternel ! les mérites du Précieux-Sang de votre Fils bien-aimé, mon divin Rédempteur, pour la gloire et l'accroissement de la sainte Eglise, ma mère; pour la conservation et la prospérité de son Chef visible, le Souverain-Pontife ; pour les cardinaux, les évêques, les pasteurs des âmes, et pour tous les ministres du Sanctuaire.

*Gloria Patri, et Filio, et Spiritui sancto : sicut erat in principio et nunc et semper, et in secula seculorum. Amen.*

Soit à jamais béni et remercié, Jésus, qui nous a sauvés au prix de son Sang.

(Cette oraison doit être dite dans l'intention de faire une amende honorable à Notre Seigneur Jésus-Christ, pour tous les outrages qu'il reçoit dans son Précieux-Sang).

———

Je vous offre, ô Père Eternel ! les mérites du Précieux-Sang de votre Fils bien-aimé, mon divin Rédempteur, pour la paix et la concorde des rois catholiques, et pour l'abaissement des ennemis de la foi et pour la félicité du peuple chrétien.

On répète le *Gloria Patri* et l'oraison jaculatoire : *Soit à jamais, etc.*

———

Je vous offre, ô Père Eternel ! les mérites du Précieux-Sang de votre Fils bien-aimé, mon divin Rédempteur, pour la conversion des incrédules, l'extirpation de toutes les hérésies et le retour des pécheurs.

*Gloria Patri, etc. Soit à jamais, etc.*

———

Je vous offre, ô Père Eternel ! les mérites du Précieux-Sang de votre Fils bien-aimé, mon divin Rédempteur, pour mes parents, mes amis et ennemis, pour les indigents, les infirmes et tous ceux qui souffrent, et aussi pour tous ceux pour qui vous savez que je dois prier et pour lesquels vous voulez que je prie.

*Gloria Patri*, etc. Soit à jamais, etc.

---

Je vous offre, ô Père Eternel! les mérites du Précieux-Sang de votre Fils bien-aimé, mon divin Rédempteur, pour tous ceux qui passeront aujourd'hui à une autre vie, afin que vous les délivriez des peines de l'enfer et les admettiez au plus tôt dans votre gloire.

*Gloria Patri*, etc. Soit à jamais, etc.

---

Je vous offre, ô Père Eternel! les mérites du Précieux-Sang de votre Fils bien-aimé, mon divin Rédempteur, pour tous ceux qui ont dévotion à un si grand trésor, pour tous ceux qui sont unis à moi dans les adorations que je lui rends, et pour ceux enfin qui cherchent à propager cette sainte dévotion.

*Gloria Patri*, etc. Soit à jamais, etc.

---

Je vous offre, ô Père Eternel! les mérites du Précieux-Sang de votre Fils bien-aimé, mon divin Rédempteur, pour tous mes besoins spirituels et temporels, pour le soulagement des âmes du purgatoire, et spécialement de celles qui ont été plus dévotes au prix de notre Rédemption et aux douleurs de Marie notre sainte Mère.

*Gloria Patri*, etc. Soit à jamais, etc.

---

Que le sang de Jésus soit béni maintenant, toujours et dans tous les siècles des siècles. Ainsi soit-il.

# HISTOIRE

DU

# PRÉCIEUX SANG

## DE N.-S. JÉSUS-CHRIST

*qui repose en l'abbaye 'de la très-Sainte Trinité de Fécamp. — Comment fut retrouvée cette précieuse relique et du culte dont elle est l'objet.*

Richard, duc de Normandie, fils de Guillaume Longue Épée, ayant vaincu ses ennemis et rendu la paix à son duché, vint visiter l'Abbaye de la très-Sainte Trinité, qui avait été bâtie et dotée par son père. Craignant que l'Abbaye de Fécamp n'ait eu à souffrir des guerres qui avaient eu lieu, et voulant toujours la maintenir dans sa splendeur, Richard se fit apporter toutes les pièces contenant les donations faites par son père à cette Abbaye, ainsi que la liste de toutes les reliques qui y étaient renfermées. Parmi ces pièces que l'on lisait en sa présence, on en trouva une qui contenait ce qui suit :

« Dans l'enceinte de cette église est le prix de la rédemption du monde, sous quelqu'un des autels, lequel prix est, sans doute, venu de Jérusalem, comme les écrits suivants l'ont fait connaître.

Joseph d'Arimathie et Nicodème, disciples cachés de notre divin Sauveur Jésus-Christ, que les Juifs crucifièrent injustement, furent trouver Pilate, et lui demandèrent le corps de notre divin Sauveur pour le mettre au tombeau; ils l'obtinrent. Nicodème, selon l'Évangile de saint Jean, était venu trouver Jésus pendant la nuit, et, par le moyen de son couteau, il enleva le précieux sang qui était figé autour des plaies, des mains et des pieds de notre divin Sauveur, le mit dans son gant et le garda toute sa vie avec respect, lui rendant tous ses hommages; mais se voyant sur le point de mourir et n'ayant point d'enfants, il déclara son secret à son neveu Isaac, lui donna son gant avec le précieux trésor qui était dedans, et lui dit : « Voilà le sang du vrai prophète Jésus que nos anciens firent crucifier injustement : gardez-le avec respect, et rendez-lui l'honneur et les adorations qui lui sont dus, et vous ne manquerez jamais de rien. » Isaac reçut donc le précieux trésor de la main de son oncle et le mit dans son coffre-fort. Il ne manquait pas de lui rendre ses hommages tous les jours, et il devint puissant et riche. Sa femme lui demanda comment, en si peu de temps, il leur venait tant de richesses? Il répondit que c'était un don de Dieu. Sur quoi cette méchante femme se mit en colère; mais un jour, ayant surpris son mari à genoux au pied du coffre-fort, elle fut trouver de suite les Juifs, et leur dit qu'elle venait de voir son mari adorant une idole.

Isaac, sur cette dénonciation, ayant éprouvé beaucoup de tribulations, prit le parti de quitter la ville de Jérusalem, où il n'était point en sûreté, et s'en fut demeurer au bord de la mer, dans la ville de Sidon. Mais au bout de quelques années, ayant eu une révélation que Titus et Vespasien, empereurs romains, viendraient détruire Jérusalem avec plusieurs légions de soldats, il fit une boîte de plomb dans laquelle il mit le Précieux Sang de notre divin Sauveur Jésus-Christ, fit un trou dans un gros figuier qui était dans son jardin, et y mit le trésor incomparable; ais, ayant eu une seconde révélation que les Romains mettraient tout à feu et à sang, il résolut de couper le figuier et de jeter la souche à la mer. Ce ne fut pas sans douleur qu'il effectua cette résolution; mais ayant eu une troisième révélation, il entendit une voix qui lui dit: « N'ayez aucune crainte (1), le Précieux Sang, que vous avez mis à la mer, abordera dans une province de Gaule, et y sera adoré par de vrais chrétiens. »

En effet, cette souche se trouva transportée en la vallée de Fécamp, où elle fut trouvée par les enfants d'un nommé Boyo, qui coupèrent une des branches

______

(1) On lit dans la notice de feu M. Morlent sur Fécamp, p. 7 :

« Le bruit de la vision d'Isaac se répandit dans tout le pays; il fut consigné dans les annales hébraïques, et c'est ainsi qu'il est parvenu dans le pays des Calètes. (Voir aussi la *Neustria Pia*, ch. 15.)

poussées à la souche de co figuier, et la portèrent à leurs père et mère ; ceux-ci n'ayant jamais vu de ce bois demandèrent où ils avaient trouvé cette branche. Ils répondirent qu'ils l'avaient trouvée dans la vallée la plus abondante en herbage, et qu'il y en avait encore deux semblables. Le lendemain, le père fut avec ses enfants enlever les deux autres et les planta dans son jardin, où il se fit de grands miracles

Boyo essaya plusieurs fois d'enlever la souche ; mais ses efforts furent inutiles. Maria, son épouse, resta veuve avec ses deux enfants.

Les fêtes de Noël, il vint un pèlerin lui demander à loger ; Maria y consentit en observant qu'elle était pauvre et qu'il n'y serait pas très-bien. Le même soir, Maria répétait avec douleur : « Oh ! mon mari, si vous existiez encore, il serait mis une bûche à notre feu comme aux autres années. » Ses enfants, voyant qu'elle s'attristait, lui dirent : « Puisque nous avons quelqu'un avec nous, nous essaierons de nouveau, demain, d'enlever la souche qui est dans le champ. — Eh ! mes enfants, répondit-elle, vous savez que votre père, avec toute son industrie, n'a jamais pu en venir à bout. » Le pèlerin s'étant fait instruire, dit : « Nous irons demain avec un chariot et nous l'apporterons ici, si Dieu le permet. Le lendemain, ils prirent un chariot et chargèrent la souche dessus ; mais après avoir fait quelques pas, quelle fut la surprise de voir le chariot se briser à l'endroit où est bâtie l'Abbaye. Le pèlerin amassa un monceau de pierres, et dit : « Cette souche contient le Précieux Sang de N. S. J.-C. ; c'est ici qu'il doit être conservé à la postérité. Heureuse cette province, parce qu'elle possède le prix de la rédemption du monde. » Après avoir dit ces paroles, il disparut.

Les grands de la province s'étant réunis, et après avoir reconnu la vérité de ces paroles, résolurent de faire bâtir une abbaye : le Précieux Sang fut placé sous l'autel du saint Sauveur. Mais cette église ayant été détruite par les païens, le Précieux Sang resta enseveli sous ses ruines.

Ce précieux trésor resta ignoré encore bon nombre d'années, et ne fut trouvé que par un singulier miracle. Des princes et seigneurs étant à la chasse dans celte vallée, aperçureut un cerf blanc d'une grandeur prodigieuse, qui les conduisit à l'endroit où était le Précieux Sang, fit trois tours et disparut.

Les princes retournaient chez eux en réfléchissant sur ce miracle, lorsqu'ils furent attaqués par cinquante voleurs qui les massacrèrent tous en un instant : un seul, en expirant, déclara le miracle dont il avait été témoin. Le duc Richard, en commémoration de ce miracle, fit rebâtir l'Abbaye de Fécamp ; quelque temps après sa reconstruction, un Ange de six pieds de hauteur apparut sur l'autel, prit le Précieux Sang, qni était resté dans les décombres, et le porta sur le maître-autel, en présence de toute l'assemblée, en disant : « Voici le prix de la rédemption du monde, qui vient de Jérusalem. Ceux qui porteront quelque chose qui aura touché au Précieux Sang, seront préservés de tout malheur. » Aussitôt l'Ange disparut et laissa son pied imprimé sur une pierre que l'on voit encore dans la chapelle des Fonts Baptismaux de l'Abbaye de Fécamp.

Depuis ce temps, le Précieux Sang n'a cessé de jouir d'une grande vénération parmi les fidèles ; les anciennes traditions nous apprennent combien de miracles s'y sont opérés. Un grand nombre de pèlerins y viennent annuellement. . . . . . . . . . . . . . . . . . . .

. . . . . . . . . . . . . . . . . . . .

### Extrait d'un manuscrit écrit en mil cinq cent vingt-sept.

On sait que la ville d'Yvetot ne fut délivrée d'une maladie contagieuse qui la décimait, qu'après avoir fait et accompli le vœu de se rendre processionnellement en pèlerinage au Précieux Sang de Fécamp. Une Confrérie fut instituée à Yvetot, en l'honneur de la cessation miraculeuse de cette épidémie (1) : et le souvenir toujours vivant de ce prodige, attire un grand nombre d'habitants de cette religieuse ville, à la sainte relique, dont *l'attouchement guérissait presque toutes les maladies* (1) dans les siècles précédents. Elle n'a pas perdu sa vertu dans le nôtre. En voici un exemple :

(1) *Annuaire de Normandie, de* 1855, p. 381.

On lit dans le *Journal de Fécamp*, numéro du 7 mai 1851 :

« Monsieur le rédacteur,

« Célina Barré, ma fille, âgée de onze ans, était percluse des jambes depuis le milieu de novembre dernier.

« Le mardi de Pâques, 22 avril, sa mère..... lui fait plonger les jambes dans l'eau de la fontaine du Précieux Sang. Après quelques minutes, ses jambes se délient..... Elle est montée à la chapelle de la Sainte-Vierge, a traversé Fécamp à pied, et depuis ce moment elle court dans ma ferme.

« BARRÉ. »

Les soussignés attestent véritable le fait relaté par le sieur Barré, cultivateur, leur voisin :

Félix JACQUES, — Antoine JACQUES, — Pierre JACQUES, — pour mon mari, femme DIEU, — J. BINET, — PICARD.

Vu pour la légalisation des signatures ci-dessus :

N. CACHELEU, *maire.*

Doudeville, le 6 mai 1851.

———

En janvier 1864, Palmyre Le Picard, âgée de onze ans, d'Allouville, canton d'Yvetot, perdit l'usage de ses jambes, « qu'elle ne pouvait plus remuer du tout. » (Lettre de son père, datée du 26 juin 1864.)

Cette paralysie résista à tous les efforts de la médecine. Ses parents, voyant leur impuissance, recoururent à d'autres remèdes. Ils portèrent leur chère malade en pèlerinage au Précieux Sang de Fécamp, le 27 mai suivant, lui firent dire un Évangile en son honneur, puis prendre un bain chaud avec l'eau de l'ancienne fontaine (1). C'est à cette fontaine que, selon une tradition immémoriale, aborda le tronc de figuier renfermant *le prix de la rédemption du monde.*

Au sortir du bain, Palmyre sentit la force lui revenir

———

(1) Elle est dans une propriété de M. Vaudry, fondeur à Fécamp.

dans les jambes, et *elle a marché de suite.....et depuis elle continue de marcher.* (Lettre précitée.) Ainsi, le dimanche 29 mai, elle se rendit à pied à la messe et aux vêpres de son église paroissiale, distante d'environ 800 mètres de sa maison.

La population d'Allouville a été très-agréablement surprise de cette guérison, qu'elle appela *miraculeuse.*

Cette cure providentielle est attestée, non-seulement par la lettre de M. Le Picard père, consignée sur le registre de l'ancienne fontaine du Précieux Sang ; mais encore par des certificats de MM. Cholet, curé, Tavernier, alors vicaire, D. Beux, maire, et Vieillot, instituteur de cette commune, si renommée par son chêne phénoménal.

Ce qui semble bien constaté, c'est que plusieurs personnes, après avoir bu de cette eau ou s'y être baignées, ont été délivrées de maux qui avaient résisté très-longtemps à tous les remèdes de la médecine.

Ces guérisons, où apparaît le doigt de Dieu, sont consignées sur les registres de l'ancienne fontaine.

Tant *de miracles* (1) qui depuis des *siècles s'opèrent* par le Précieux Sang et même son eau, sont le sceau apposé par le ciel au culte d'une relique devant laquelle nos ducs-rois sont venus, avec leurs sujets, incliner leurs fronts rayonnants de toutes les gloires, et justifient pleinement la confiance des populations en ce sang *recueilli des membres de N. S. Jésus-Christ* (2), dit Baldric, évêque de Dol, car « il guérit de toutes sortes de maladies et préserve de beaucoup d'autres (3) ». Aussi le monastère de Fécamp appelé la Porte du Ciel, se glorifiait-il, avec raison, d'en être le gardien.

X.

(1) Voir *Neustria Pia*, p. 23
(2) M. Germain, *Guide du Voyageur à Fécamp*, p. 92.
(3) *Neustria Pia* p. 232.

624. — Paris, Imp. H. Carion, rue Bonaparte, 64.

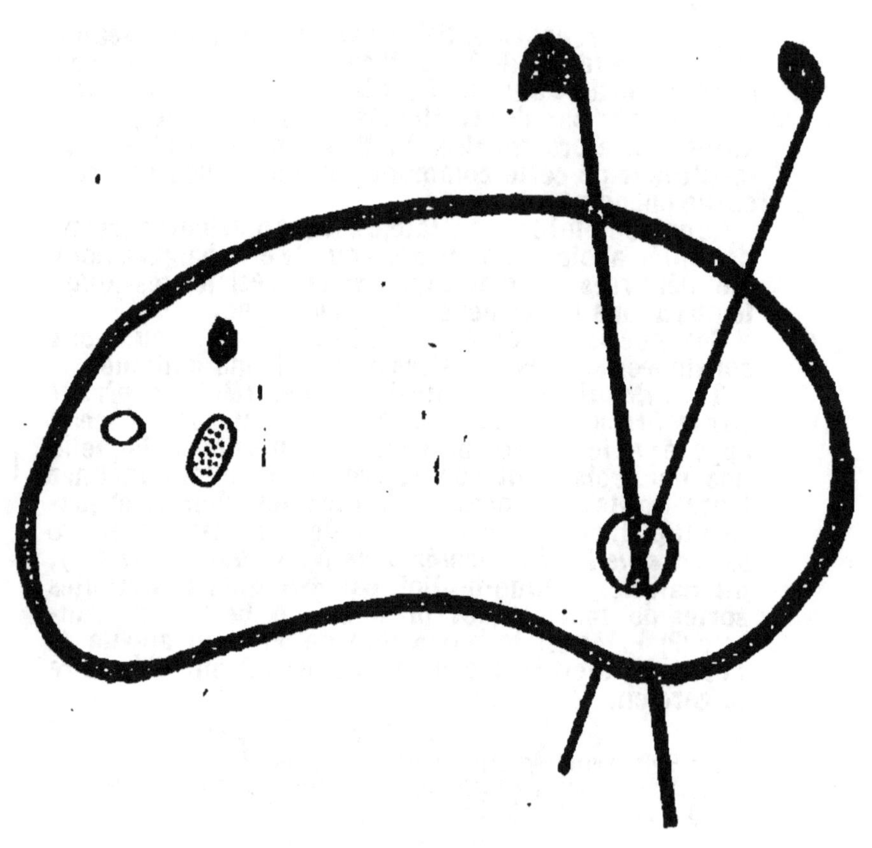

ORIGINAL EN COULEUR
NF Z 43-120-8